TAROT D'OR

Liz Dean

Illustré par Melissa Launay

LAROUSSE

Édition originale
Publié pour la première fois en **2008** sous le titre **Golden Tarot**
par Cico Books
20–21 Jockey's Fields
London WC1R 4BW
www.cicobooks.com

Édition française
Traduction et adaptation
Catherine Bricout
Direction de la publication
Isabelle Jeuge-Maynart et Ghislaine Stora
Direction éditoriale
Nathalie Viard
Édition
Thierry Olivaux
Fabrication
Donia Faiz
Direction artistique
Géraldine Lamy
Couverture
Véronique Laporte
Réalisation
Alinéa

ISBN : 978-2-03-591999-1
Imprimé en Chine
331537 - 11050721 - avril 2022
Dépôt légal : septembre 2022

Sommaire

INTRODUCTION

Le tarot est une série de cartes illustrées, comportant 22 cartes distinctes dans les arcanes majeurs et 56 arcanes mineurs répartis en quatre suites : Coupes, Deniers, Bâtons et Épées. Depuis plus de cinq cents ans, courtisans, mystiques, missionnaires et autres quêteurs de vérité et voyants l'ont utilisé à des fins de prédiction, d'éducation et de distraction. Comme la suite curieuse des cartes elles-mêmes, l'histoire du tarot est une énigme, mais il est vraisemblable que les arcanes mineurs – qui ont un lien direct avec les cartes à jouer modernes et leurs quatre couleurs – se sont développés indépendamment des arcanes majeurs, plus complexes, dont on suppose qu'ils ont vu le jour pendant la Renaissance en Italie.

Le Tarot d'Or était une commande spéciale et son nom fait référence à deux âges d'or de la lecture du tarot, et probablement aux jeux de cartes les plus célèbres de ses 600 ans d'histoire : le tarot de Visconti-Sforza, du XVe siècle, estampé d'or, l'un des premiers, et le Rider Waite, sans doute le tarot moderne le plus significatif, créé à l'instigation de A. E. Waite, membre de la société ésotérique secrète britannique *The Hermetic Order of the Golden Dawn* (Ordre Hermétique de l'Aube Dorée) (1888-1914). Le Tarot d'Or, remarquablement illustré par Melissa Launay, reprend nombre de symboles des tarots de Visconti-Sforza et Raider Waite. Les lames rapprochent ces deux traditions très fortes, à l'instar de la lame XIX, le Soleil, dans laquelle les chérubins du Visconti-Sforza tiennent le soleil dans le ciel au-dessus des tournesols du Raider

Waite. La lame XVIII, la Lune, reprend les chiens hurlants du Raider Waite ; les deux astrologues qui évoquent le sens spirituel de l'arcane apparurent pour la première fois dans le tarot de Charles VI, un autre jeu en or de la Renaissance. De l'association de ces influences naît une alchimie magique propre au Tarot d'Or qui vous fournira les clés des cartes et éveillera votre conscience psychique.

En interprétant ces cartes, vous entrez en relation avec des symboles séculaires, du numéraire Huit de l'Éternité au Bâton magique, l'Épée de Justice ou les archétypes tels que l'Ermite, les Amants, le Bateleur ou la mère (l'Impératrice). Tous font appel au subconscient et stimulent vos souvenirs et votre connaissance intuitive de vous-même et des autres.

Une lecture du tarot vous aide à éclairer vos choix, examiner vos relations, tirer les leçons du passé, réfléchir sur le présent et préparer l'avenir. À votre gré, vous lirez les cartes exclusivement pour vous à des fins prédictives, ou vous vous pencherez sur des relations ou des problèmes actuels ou passés. Vous gagnerez en confiance grâce à la pratique avec des amis ou des connaissances qui vous fourniront un retour d'information sur l'exactitude de vos lectures sans que vous soyez soumis à la pression de la « bonne » réponse.

Pour vous lier avec un nouveau jeu de cartes, placez-le sous votre oreiller pendant votre sommeil pendant les premières semaines et touchez-le régulièrement pour l'imprégner de votre énergie. En vous mettant en contact avec les arcanes par la pensée et le toucher, vous deviendrez plus sensible à leur signification et vos prédictions vous laisseront une sensation de fluidité et de spontanéité.

Lire les cartes

La lecture des cartes du tarot est un rituel particulier. Pour vous y préparer, commencez par choisir un moment de calme. Certains tireurs de cartes allument une bougie avant de mélanger les cartes, symbolisant ainsi le passage dans un autre univers, et l'éteignent quand la lecture est terminée.

Choisissez une disposition, ou tirage des cartes, dans les pages suivantes, puis battez les cartes en laissant vos pensées et vos sentiments passer de vos mains aux cartes. Si la lecture concerne une autre personne, demandez-lui de mélanger les cartes ainsi, puis de vous les rendre pour que vous les étaliez. Si une carte s'échappe du paquet, prenez-en bonne note ; elle réapparaîtra peut-être au cours de votre lecture, ce qui signifierait qu'elle a une signification particulière. En mélangeant les cartes, il peut vous arriver de retourner une carte, la tête en bas, sans y prendre garde. On voit là un acte intuitif plutôt qu'un accident ; donc, au tarot, les lames inversées ont une signification différente de celle des lames à l'endroit. Par exemple, le Quatre de Bâton apporte la satisfaction, qui sera remise à plus tard si la lame est inversée. Le Valet d'Épée offre l'intelligence, alors qu'inversé et perturbateur, il n'apporte que malice sans aller jusqu'au drame destructeur que vous pourriez craindre d'une Épée inversée. Si vous êtes néophyte dans l'art du tarot, commencez par la lecture des cartes à l'endroit. Vous passerez à la lecture dans les deux aspects quand vous vous serez familiarisé avec les arcanes.

Étalez toutes les cartes, face cachée, et de la main gauche, considérée comme la main de la destinée, sélectionnez les cartes dont vous avez besoin pour votre tirage. Ou bien coupez le paquet en trois, puis recomposez-le en posant la premier paquet sur le haut et prenez les cartes sur le haut du paquet. Choisissez la méthode qui vous convient le mieux.

Quand vous avez terminé la lecture, enveloppez les lames dans du tissu (velours ou soie sombre) ou placez-les dans une boîte, en lieu sûr jusqu'à la prochaine séance.

TIRAGE À TROIS LAMES

1 PASSÉ

2 PRÉSENT

3 FUTUR

Trois cartes vous donnent un aperçu de vos passé, présent et futur sur le thème choisi. Une carte est désignée pour représenter le passé et son influence sur la situation présente ; la deuxième carte représente ce que vous êtes actuellement, ou la nature du problème ou de la question ; et la troisième révèle l'avenir, ou l'issue, par rapport au contexte présent. Peut-être avez-vous intérêt à vous entraîner avec les arcanes majeurs avant de passer au paquet complet. Concentrez-vous sur votre question pendant que vous battez les cartes (ou choisissez les cartes de la main gauche parmi toutes les cartes étalées, face cachée – voir page 6).

QUESTION ET RÉPONSE

Essayez plutôt ce tirage question-réponse si vous préférez un « oui » ou un « non » sans trop de travail d'analyse. La cinquième carte révèle également l'effet que la réponse à votre question aura sur vous. Pour commencer, mélangez et coupez les cartes, puis étalez cinq cartes, face cachée, de gauche à droite comme il est indiqué ci-dessous.

1 Votre situation présente
2 Quelle action pouvez-vous entreprendre ?
3 Obstacles ou défis à relever
4 L'issue
5 L'impact sur vous

1

2

3

4

5

LA SEMAINE À VENIR

Ce tirage classique, destiné à fournir un aperçu du futur proche, utilise une carte centrale « signifiante ». Le Signifiant résume le sens d'une lecture et, dans ce tirage, il dévoile les influences dominantes au cours de la semaine à venir. Les sept autres cartes correspondent chacune à un jour de la semaine. Pour commencer, mélangez et coupez les cartes. Posez d'abord le Signifiant, puis les autres cartes, dans l'ordre de votre choix.

Signifiant : influences prépondérantes

1 Lundi
2 Mardi
3 Mercredi
4 Jeudi
5 Vendredi
6 Samedi
7 Dimanche

L'ÉTOILE D'OR

De l'interrogation amoureuse au dilemme professionnel, l'Étoile met en lumière ce qui est vraiment important à vos yeux. Ce tirage utilise un Signifiant central qui révèle le cœur du sujet en question. Pour commencer, mélangez et coupez les cartes puis étalez six cartes, face cachée, dans l'ordre et la disposition illustrés ci-dessous. Commencez par l'interprétation du Signifiant, puis passez à celle des autres cartes dans l'ordre 1, 2, 3, 4 et 5.

Signifiant : le cœur du sujet
1 Le présent
2 Les désirs connus
3 Les facteurs cachés
4 Les obstacles et attitudes possibles
5 L'issue

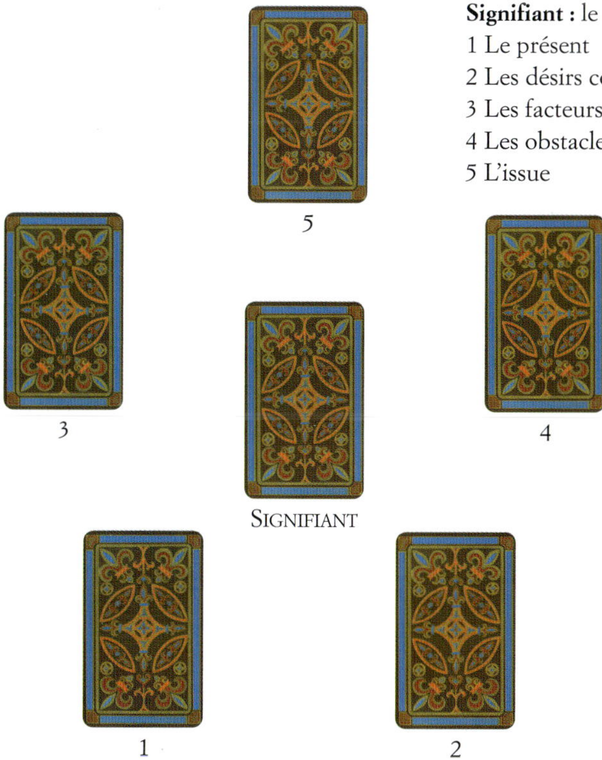

LA CROIX CELTIQUE

Ce tirage traditionnel éclaire toutes les possibilités d'une situation complexe. Les cartes 1 et 2 vous représentent, ainsi que les aides ou obstacles éventuels. La disposition centrale (cartes 1 à 6) fournit une indication rapide sur une décision ou un dilemme actuels. Pour commencer, mélangez et coupez les cartes, puis étalez dix cartes, face cachée, comme ci-dessous.

1 La situation présente
2 Ce qui vous aide ou fait obstacle
3 Ce que vous avez de mieux à faire actuellement
4 Les facteurs cachés
5 Le passé
6 Votre prochaine action
7 Le regard que vous portez sur vous-même
8 L'attitude des autres
9 Les espoirs ou les craintes
10 L'issue

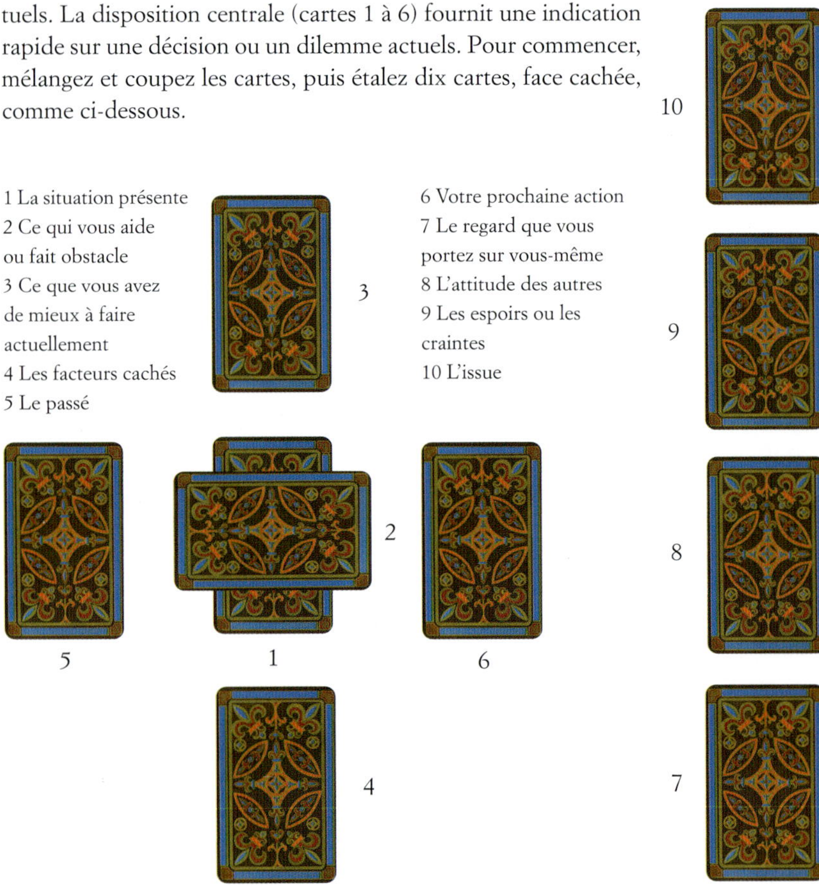

Les cartes et l'avenir

La façon la plus simple d'assigner une période à une lecture est le tirage de la Semaine à Venir (page 8). Vous pouvez également opter pour un tirage de l'Année à Venir : placez d'abord le Signifiant, puis étalez douze cartes dans le sens horaire, une pour chaque mois, en commençant par le mois courant. Un autre tirage consiste à associer les saisons aux suites d'arcanes mineurs : les Coupes pour l'Été, les Deniers pour l'Automne, les Épées pour l'Hiver et les Bâtons pour le Printemps. On peut aussi utiliser les numéraires, ou arcanes mineurs numérotés, pour définir des périodes : les Coupes correspondent aux jours, les Deniers aux années, les Épées aux mois et les Bâtons aux semaines. Basez-vous sur le dernier arcane mineur du tirage et assignez le nombre qu'il porte aux semaines, jours, années ou mois, selon la couleur à laquelle il appartient. Donc, si le dernier arcane mineur tiré est le Huit d'Épées, la période concernée par la lecture sera de huit mois. Si ce système s'applique bien aux Coupes, Épées et Bâtons, il fonctionne moins bien pour les Deniers puisque le Dix désigne un laps de temps de dix ans. C'est pourquoi, en matière de calendrier, il est important de considérer qu'une lecture ne fixe jamais définitivement la façon dont les choses vont se réaliser.

Vous pouvez également faire appel à la correspondance astrologique des arcanes majeurs (voir p. 13 à 15) pour prévoir la date d'événements à venir. Par exemple, la lame des Amants est associée aux Gémeaux (22 mai – 21 juin) ; une interprétation pourrait être la possibilité d'une prise de décision pendant cette période. L'Ermite correspond au signe de la Vierge. Donc, en août ou septembre (24 août – 23 septembre), il se peut que vous entrepreniez un voyage, ou que vous vous engagiez dans un parcours affectif ou spirituel solitaire.

Au fur et à mesure que vous progresserez, vous constaterez sans doute l'intérêt de tenir un journal. Notez toutes vos prédictions après une lecture, puis revenez à votre journal une ou deux semaines plus tard et observez quelles lectures se sont avérées les plus justes. En vous astreignant à cet exercice régulièrement, vous prendrez confiance dans votre intuition et votre capacité à interpréter la signification des cartes.

Les Arcanes Majeurs

Les 22 lames des arcanes majeurs révèlent des influences et des événements qui affectent votre avenir et apparaissent souvent quand vous avez pris, ou vous apprêtez à prendre, une décision importante. Contrairement aux arcanes mineurs, qui dévoilent les événements du quotidien, les arcanes majeurs mettent en lumière des forces plus puissantes à l'œuvre et leurs répercussions.

Numérotée de 1 à 21, la suite du tarot peut être considérée comme un voyage de l'âme ou une quête mystique. Zéro, le Fou, est l'œuf cosmique au début de sa vie, alors que le 21, le Monde, est synonyme de conclusions heureuses et de régénération et il est le retour vers le 0, ainsi le cycle du tarot se répète. La Roue de Fortune, numérotée 10, est à mi-chemin de la quête – le point où tout peut arriver quand la roue tourne. Au cours d'une lecture, les numéros des lames peuvent indiquer les étapes d'une phase de votre vie ou d'une relation.

Certains adeptes du tarot sont enclins à ne lire que les arcanes majeurs qui éclairent souvent des questions clés de la vie. Cette démarche est également bénéfique au néophyte car elle permet d'approfondir sa connaissance des arcanes majeurs avant de se familiariser avec les arcanes mineurs.

0 LE FOU (OU LE MAT)

MOTS-CLÉS :
RISQUE, INNOCENCE, DÉPART, NOUVEAU CHEMIN

PLANÈTE OU SIGNE ASSOCIÉ :
URANUS

Un jeune homme vêtu d'un costume de bouffon de cour part en voyage avec optimisme, n'emportant que l'essentiel dans cette aventure. Alors qu'il fait un pas pour entamer la quête de son rêve, il ne prête pas attention au chien qui mord ses talons pour le prévenir qu'il est au bord d'un précipice. Transporté par un idéal, il est l'archétype du Fou, innocent et impétueux.

CARTE À L'ENDROIT

Un nouveau chemin de vie ; commencements et opportunités vous attirent. La période est à l'espoir, au courage et à la jeunesse d'esprit. Cependant, des risques peuvent se présenter et le Fou vous conseille de réfléchir avant de sauter le pas. Engagez-vous sans hésiter dans une folle aventure ou une quête d'épanouissement idéaliste, mais tenez compte des aspects pratiques. Le Fou est également le messager de l'amusement, de la distraction et du coup de foudre.

CARTE À L'ENVERS

Une erreur de jugement. On vous entraîne dans une mauvaise direction, examinez toutes les offres. Le Fou inversé peut aussi annoncer une déception. Peut-être essayez-vous de forcer une situation qui risque de se retourner contre vous. Essayez une autre route.

I LE MAGICIEN (OU LE BATELEUR)

MOTS-CLÉS :
AVENTURE, NOUVEAUX PROJETS, ÉNERGIE, CRÉATIVITÉ

PLANÈTE OU SIGNE ASSOCIÉ :
MERCURE

Le Magicien travaille avec les énergies élémentaires des arcanes majeurs du tarot : les Coupes, les Épées, les Bâtons et les Deniers. Une courbe en forme de huit, la lemniscate, placée au-dessus de sa tête indique qu'il travaille sur le plan tant terrestre que spirituel. Ce qui est créé maintenant influencera positivement l'avenir.

CARTE À L'ENDROIT

Vous êtes prêt à transformer vos rêves en réalité. Un voyage important ou un nouveau projet s'annonce, comme le symbolisent les roses épanouies et le soleil. Les conditions du succès sont réunies. Cela vous semblera tout naturel car vous serez plein d'énergie et d'idées. Vous vivrez votre travail comme une vocation plutôt que comme une corvée.

CARTE À L'ENVERS

Tricherie ; les grands plans sont dépourvus de fondations. Cette lame avertit souvent des motivations d'autrui à qui vos intérêts ne tiennent pas forcément à cœur. Elle peut aussi révéler la frustration car, même si vous êtes prêt à avancer, vous rencontrez des obstacles à tout instant. Si vous avez une activité artistique, elle indique un tarissement de la créativité.

II LA PAPESSE

MOTS-CLÉS :
SAGESSE, FÉMINITÉ, INTUITION, LE PASSÉ, SECRETS, SPIRITUALITÉ
PLANÈTE OU SIGNE ASSOCIÉ :
LA LUNE

La Papesse se tient devant une tapisserie tendue entre deux piliers qui sépare ce monde du royaume spirituel et le conscient de l'inconscient. Le livre entre ses mains symbolise sa grande érudition et sa sagesse, et la grenade, la fertilité de son esprit. Son signe, la Lune, l'associe à Isis-Athor, déesse égyptienne de la magie et de la fertilité.

CARTE À L'ENDROIT

Nouvelle sagesse : votre intuition se développe en même temps que votre confiance en vous. Cette lame apparaît souvent lorsque vous vous sentez sur la bonne voie, sur le plan créatif et spirituel. Suivez l'instinct qui vous mène vers les gens et les lieux, et peut-être vous conduiront-ils au niveau supérieur du savoir. Cette carte affective révèle des sentiments profonds et le travail que vous faites peut-être en secret.

CARTE À L'ENVERS

Une information cachée qui risque de provoquer un choc ou une déception est sur le point d'être dévoilée. La révélation d'un secret risque de compromettre quelqu'un au-dessus de tout soupçon. Faites attention aux gens que vous consultez et à qui vous vous fiez actuellement, des médiums aux parentes plus âgées.

III L'IMPÉRATRICE

MOTS-CLÉS :
Fertilité, maternité, affection, une relation sûre, beauté

PLANÈTE OU SIGNE ASSOCIÉ :
Vénus

Épouse de l'Empereur, lame IV, l'Impératrice représente la maternité et toutes les femmes, ce qui est signifié par les symboles de Vénus que porte sa robe. Le pommier en fleur exprime la croissance et la fertilité. Son écu porte l'insigne royal de l'aigle qui la relie au lignage de son mari et elle tient le globe de l'État.

Carte à l'endroit

Bonheur, beauté et un foyer harmonieux et stimulant. Bon présage d'engagement et de stabilité d'une relation, l'Impératrice annonce parfois un mariage ou une grossesse. Dans le cas d'une personne jeune, elle peut révéler l'influence positive d'une figure de mère ou de grand-mère, et la sortie de cette lame est synonyme de bonne santé et de relations équilibrées.

Carte à l'envers

L'Impératrice inversée signale des difficultés avec une femme plus âgée, par exemple mère ou belle-mère, relevant éventuellement de la jalousie ou d'une présence abusive. Des problèmes financiers familiaux se manifestent sous la forme de l'avarice ou de dépenses excessives. Cette lame révèle aussi parfois des problèmes d'éducation des enfants, générateurs de conflits.

IV L'EMPEREUR

MOTS-CLÉS :
PATERNITÉ, ACTION, LIENS PERSONNELS, AUTORITÉ, CONSEIL
PLANÈTE OU SIGNE ASSOCIÉ :
BÉLIER

L'Empereur est assis sur un trône au pied duquel est posé l'insigne de l'aigle ; il tient un bâton, son sceptre, dans la main gauche et un globe en or dans la main droite. La tapisserie rappelle le paysage de la lame III et sa compagne, l'Impératrice. Il représente une relation conventionnelle, le rôle du père, ainsi que la sécurité et l'action.

CARTE À L'ENDROIT

Protection, conseil et soutien sont prodigués par un homme digne de confiance, qui peut être une figure de père ou de compagnon. Il indique que l'ordre règne – il est peut-être autoritaire et vieux jeu, mais il a la force de la détermination, donc il prédit l'action. Des problèmes pratiques, par exemple de travaux ou d'argent, seront résolus à long terme.

CARTE À L'ENVERS

L'Empereur inversé est un individu possessif, entêté, qui veut diriger les autres. Peut-être êtes-vous la victime, mais examinez votre comportement – n'essayez-vous pas vous-même de dominer inutilement une personne ou une situation ? Quelle que soit la situation, vous ou une personne de votre entourage perdez le sens de la mesure : il est temps de faire marche arrière.

V LE PAPE

MOTS-CLÉS :
SAGESSE, DIVINITÉ, SENS PRATIQUES, CONSEIL, PROGRÈS
PLANÈTE OU SIGNE ASSOCIÉ :
TAUREAU

Le Pape, ou Hiérophante ou Grand Prêtre, fait le geste de la bénédiction de la main droite et tient le symbole de la croix dans la main gauche. De même que la Papesse, lame II, il est flanqué de deux piliers. Posté au seuil du ciel et de la terre, il est l'interprète de la parole de Dieu auprès de l'homme. Son nombre est le V, qui symbolise l'humanité.

CARTE À L'ENDROIT

Il est temps de demander un avis sensé à une personne de confiance. Le Pape révèle souvent une figure d'autorité, à l'instar d'un père, d'un professeur ou autre mentor. Il symbolise le bon sens, et son influence sera bénéfique si vous avez un problème à résoudre. Cette lame révèle une dimension spirituelle, elle peut donc signifier que vous êtes sur le point de vous engager dans un nouvel apprentissage qui vous rapprochera de votre but mystique.

CARTE À L'ENVERS

Influence d'une personne âgée, dominatrice, qui vous inonde de conseils que vous ne sollicitez pas. Ne vous laissez pas duper par une personne plus âgée, sous prétexte qu'elle serait plus sage. Elle peut vous induire en erreur et essayer de vous manipuler.

VI LES AMANTS

MOTS-CLÉS :
DÉCISIONS, AMOUR, CROISSANCE, MATURITÉ
PLANÈTE OU SIGNE ASSOCIÉ :
GÉMEAUX

Un couple se regarde au fond des yeux tandis que Cupidon le survole, arc bandé et prêt à décocher sa flèche. Les rosiers qui l'entourent symbolisent l'amour et sa croissance et les mains prêtes à se joindre, leur engagement. Les Amants sont au seuil d'une décision qui va changer leurs vies.

CARTE À L'ENDROIT

Vous vous apprêtez à prendre une décision fructueuse, basée sur la maturité et la prévoyance. Les tensions ou conflits antérieurs vont se résoudre. Comme le suggère l'illustration de la lame, son apparition dans un tirage peut signifier que deux personnes se retrouvent après une période d'incertitude. Elle vous conseille de suivre votre cœur et votre intuition. Sur le plan pratique, les Amants révèlent également l'abandon d'un milieu, par exemple dans le cas d'un individu jeune qui quitte le foyer familial et fait un pas vers l'indépendance.

CARTE À L'ENVERS

Problèmes de ruptures et d'engagement : un partenaire risque de rompre une relation plutôt que d'affronter les difficultés. La tension monte alors que le déséquilibre et la tentation s'infiltrent. Cette immaturité peut aussi s'exprimer par une dépendance excessive vis-à-vis d'un parent.

VII LE CHARIOT

MOTS-CLÉS :
VOYAGE,
DÉTERMINATION,
MAÎTRISE DE SOI,
DÉPART

PLANÈTE OU SIGNE ASSOCIÉ :
CANCER

Un homme jeune est debout dans un char, revêtu d'une belle armure. Au début d'un voyage, il s'engage sur un nouveau chemin de vie, avec pour toute arme son charme et son ambition. Ses chevaux ne portent pas de rênes et la seule force de son charisme les dirige.

CARTE À L'ENDROIT

En route pour l'aventure ! Comme le conducteur du char fait appel à la force de sa volonté pour réunir tous les éléments nécessaires à son voyage, vous avancez vers une nouvelle relation ou carrière ; mais le Chariot peut également annoncer un voyage important, un apprentissage de la conduite automobile ou un nouveau moyen de transport. Les chevaux représentant la libido, il y a donc également un frisson d'aventure sexuelle dans l'air. Les chevaux, noir et blanc, renvoient aux aspects sombre et lumineux du voyage à venir.

CARTE À L'ENVERS

Ego et arrogance provoquent des problèmes. La progression marque le pas ou vous sentez que vous avancez dans la mauvaise direction. Sur le plan pratique, vous pourriez avoir un problème de transport, avec des projets entravés et un voyage retardé ou annulé.

VIII LA JUSTICE

MOTS-CLÉS :
LOI, RÉSOLUTION, ÉQUILIBRE

PLANÈTE OU SIGNE ASSOCIÉ :
BALANCE

Une femme rend un jugement et tient les deux symboles de la loi : le glaive de la liberté et la balance de la justice qui la relie également au signe astrologique qui lui est associé, la Balance. Elle brandit ces deux emblèmes, indiquant ainsi qu'elle s'apprête à prendre une décision juste, probablement à votre bénéfice.

CARTE À L'ENDROIT

Conclusion favorable d'un différend ou autre souci du moment, pourvu que le succès soit mérité. Les affaires légales sont résolues, des revendications sur une propriété aux problèmes d'emploi. Sur un plan général, dans une lecture de tarot, la Justice plaide pour une approche rationnelle et pragmatique des problèmes par opposition à l'évitement et au rejet, ou aux réactions outrancières. L'équilibre est l'essentiel.

CARTE À L'ENVERS

Inversée, cette lame indique une erreur judiciaire. Une décision vous est défavorable, ou une situation simple se complique inutilement et les faits réels sont cachés. Les autres sont peut-être de parti pris et vous négligez ceux qui peuvent vous soutenir dans ce moment difficile. Jugez-vous avec bienveillance et accrochez-vous fermement à vos convictions.

IX L'ERMITE

MOTS-CLÉS :
REPLI, ISOLEMENT, INTROSPECTION

PLANÈTE OU SIGNE ASSOCIÉ :
VIERGE

Un vieil homme suit un chemin peu sûr dans la nuit. Il porte une lanterne pour éclairer ses pas, et un sablier, symbolisant le temps, est suspendu dans les branches au-dessus de lui. Un serpent en forme de caducée, symbole antique de guérison, s'enroule autour de son bâton. L'Ermite est seul, mais indépendant : sa solitude lui laisse le temps de méditer et la liberté d'examiner les événements récents.

CARTE À L'ENDROIT

Les circonstances imposent que vous vous isoliez un certain temps. Vous cherchez la sagesse, mais pour la trouver, vous devrez prendre du recul par rapport à votre milieu habituel et peut-être certains amis ou la famille. Ce temps de solitude vous permettra de voir les choses sous un angle différent et favorisera la guérison. L'Ermite indique également une période de rétablissement après une maladie ou une opération.

CARTE À L'ENVERS

Isolement forcé. Le refus d'apprendre ou d'écouter un avis peut aboutir à un repli sur soi, dans la colère et le ressentiment. Il vous faudra du temps pour accepter une situation que vous ne souhaitez pas. Tendance à intellectualiser plutôt que de laisser les émotions s'exprimer.

X La Roue de Fortune

MOTS-CLÉS :
Chance, destin, joie, changement
PLANÈTE OU SIGNE ASSOCIÉ :
Jupiter

Quatre personnages entourent la Roue de Fortune. Le personnage féminin au sommet est couronné de succès. L'homme sous la Roue porte sur ses épaules le fardeau de son destin et les deux personnages sur les côtés s'efforcent de se cramponner, incertains de leur sort. Quand la roue tourne, les saisons changent ; les fortunes varient, et la lumière et l'ombre du monde se manifestent.

Carte à l'endroit

La fortune tourne ; le contexte change de façon inattendue et s'améliore. C'est à votre tour de bénéficier d'une joie et d'un succès spontanés, car les plaisirs vous arrivent sans effort. Saisissez toutes les opportunités et appréciez cette période de bonheur. Ce changement dans votre vie met au jour de nouvelles voies créatives, comme une carrière différente et stimulante, tout comme il annonce des temps meilleurs sur le plan financier. Les projets à long terme peuvent maintenant avancer sans encombre.

Carte à l'envers

Inversée, cette lame indique un déclin de la chance. Vous risquez d'avoir peu d'influence sur les événements dans cette période, mais le contexte ne dominera pas. Si la roue tourne en votre défaveur, elle peut à nouveau tourner en votre faveur.

XI LA FORCE

MOTS-CLÉS :
PATIENCE, COURAGE, CONFIANCE, RISQUE

PLANÈTE OU SIGNE ASSOCIÉ :
LION

Une jeune femme tient la mâchoire d'un lion et le maîtrise prudemment. Elle est patiente et sereine, malgré le danger de la morsure. Son chapeau évoque la lemniscate, ou le chiffre huit, qui représente l'infini et indique que ses actions, et leurs conséquences, se situent au niveau spirituel. La Force est une vertu morale qui rend plus fort, soi-même et les autres.

CARTE À L'ENDROIT

Courage, patience et persévérance vont être nécessaires pour affronter un adversaire potentiellement dangereux. Si l'on vous provoque, soyez prêt à consacrer du temps à la négociation et tenez bon. Vous atteindrez vos buts armé d'une confiance sereine plutôt que lancé dans un déploiement de force. Cette lame est également liée aux conflits intimes et à la nécessité d'accepter votre part d'ombre. Dans une lecture globalement positive, la Force symbolise également la bonne santé.

CARTE À L'ENVERS

Réfrénez vos bas instincts tels que les abus de nourriture et la prodigalité. Vous devez peut-être gérer des émotions pénibles comme la colère. Et peut-être serez-vous enclin à fuir les problèmes plutôt que de risquer la confrontation.

XII LE PENDU

MOTS-CLÉS :
ATTENTE, SALUT, CHANGEMENT DE POINT DE VUE

PLANÈTE OU SIGNE ASSOCIÉ :
NEPTUNE

Un jeune homme est pendu à un arbre par un pied : il est heureux et en sécurité car il sait qu'il est solidement attaché. Dans la mythologie nordique, l'arbre est Yggdrasil, l'Arbre-Monde, l'arbre auquel Odin fut pendu pendant neuf nuits, au bout desquelles il reçut la sagesse des runes et le don de prophétie.

CARTE À L'ENDROIT

Pause ; une opportunité de faire un pas en arrière dans une situation donnée fournit une nouvelle vision des choses. Cela peut impliquer un sacrifice. Comme le signifie cette lame, vous devez peut-être rester en suspens et attendre que quelqu'un d'autre prenne une décision. Dans ce cas, vous ne pouvez guère que patienter. Analysez la situation avec détachement et peut-être, avec du recul, distinguerez-vous d'autres opportunités plutôt que de vous focaliser sur une issue que vous êtes impuissant à influencer.

CARTE À L'ENVERS

Trahison, souvent par soi-même. Vous répugnez peut-être à prendre une décision qui changerait votre vie car elle implique au départ un désagrément ou une dépense, voire vous aspirez à revenir à votre vie d'enfant dépendant. Il est temps de sortir de vos rêveries et d'affronter ce qui provoque votre anxiété, quoi que ce soit.

XIII LA MORT

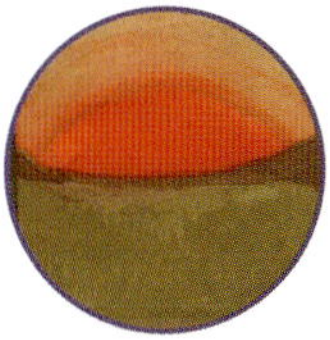

MOTS-CLÉS :
CHANGEMENT, FINS ET COMMENCEMENTS, RÉSOLUTION, RÉFLEXION

PLANÈTE OU SIGNE ASSOCIÉ :
SCORPION

Une femme tient une rose éclose et une autre en bouton, symbolisant l'épanouissement et le potentiel, les fins et les commencements. Un soleil rouge sang se couche, indiquant le temps de la réflexion et de la délivrance. Bien qu'elle porte le nombre XIII, traditionnellement synonyme de malchance, la Mort prédit des fins inéluctables qui sont souvent des issues naturelles.

CARTE À L'ENDROIT

La fin d'une phase de vie ; une relation, une carrière ou même une époque prend fin. Acceptez la nécessité de ce changement. Quand vous rompez des liens dépassés, des perspectives nouvelles s'ouvrent à vous et d'autres personnes entrent dans votre univers. Le changement arrive et mieux vaut en profiter qu'y résister ; il s'agit peut-être d'un bienfait déguisé.

CARTE À L'ENVERS

Incapacité à renoncer à ce qu'on a déjà obtenu. Peut-être vivez-vous dans le passé plus que vous ne l'imaginez. À moins que vous n'abandonniez les gens ou les possessions qui ne représentent plus ce que vous êtes, ou voulez être, les nouvelles opportunités sont bloquées. Capitulez plutôt que de perdre du temps et de l'énergie à vous accrocher à des habitudes stériles.

XIV LA TEMPÉRANCE

MOTS-CLÉS :
ÉQUILIBRE, ESPOIR, RÉCONCILIATION, TRANSFORMATION
PLANÈTE OU SIGNE ASSOCIÉ :
SAGITTAIRE

Un ange transvase de l'eau d'une cruche dans une autre et réunit ainsi des forces opposées. L'eau symbolise les émotions et le flux de l'énergie, des idées et des gens ; l'ange a un pied plongé dans l'eau, mais l'autre reste au sol – représentation de l'alchimie physique et émotionnelle. Les iris portent le nom de la déesse grecque Iris dont l'arc-en-ciel symbolise l'espoir.

CARTE À L'ENDROIT

Modération, équilibre et patience sont les vertus essentielles au contrôle des influences instables et des exigences opposées. Il y a un potentiel de progression dans le développement des affaires, d'une relation ou de la famille ; faites appel à votre expérience et votre diplomatie pour apaiser un conflit, ramener l'harmonie et permettre la poursuite des projets. Cette lame évoque la réconciliation, qui restaurera une relation.

CARTE À L'ENVERS

Peut-être vous sentez-vous écrasé, ligoté par les exigences des autres et soumis à une pression croissante. Cette lame évoque souvent des problèmes d'argent ; il est donc vital que vous régliez une dette éventuelle ou que vous gériez un déficit de temps et d'énergie.

XV LE DIABLE

MOTS-CLÉS :
TENTATION, ASSERVISSEMENT, DÉPENDANCE

PLANÈTE OU SIGNE ASSOCIÉ :
CAPRICORNE

Le Diable, illustré par Pan, dieu de la nature, observe un homme et une femme portant en collier une chaîne liée au tronc de l'arbre dans lequel il est assis. Le couple semble être prisonnier, mais leurs colliers sont assez larges pour être retirés. Ils choisissent d'être esclaves d'une obsession.

CARTE À L'ENDROIT

Tentation ou asservissement à un idéal. Une passion mal orientée est signifiée ici, par exemple une liaison sans perspective d'avenir, ou une ambition paralysante, un investissement d'argent ou d'énergie dans le mauvais projet ou la mauvaise personne pour un bénéfice à court terme. Vous courez le risque de vous abandonner à vos bas instincts tels que la luxure, la cupidité ou la soif de pouvoir ou de domination. Le charme sera rompu si vous avez la volonté de faire un petit sacrifice maintenant pour un gain plus gratifiant dans l'avenir.

CARTE À L'ENVERS

Une obsession, une liaison malheureuse, destructrice. Inversée, cette lame indique une incapacité à briser un lien qui n'a pas d'avenir, pour cause d'immaturité, de désespoir ou de manque d'amour-propre. Elle peut indiquer une lutte contre la dépendance.

XVI LA TOUR

MOTS-CLÉS :
DÉSASTRE, CAPITULATION, FINS IMPRÉVUES, ÉGOTISME

PLANÈTE OU SIGNE ASSOCIÉ :
MARS

Une tour, frappée par un éclair, est en feu et ses occupants tombent dans le vide. Ce désastre est un acte divin que personne n'a le pouvoir d'empêcher. Nous ne pouvons que capituler devant la force de la nature et, quelle que soit la protection dont nous jouissons, nous pouvons tout perdre en un instant.

CARTE À L'ENDROIT

Le choc, la perte et l'insécurité ; l'effondrement d'un idéal ou d'une relation. La Tour est une construction de l'espoir et de l'ambition qui est détruite par l'énergie primordiale du feu. Ce désastre symbolise également la tour de l'ego ou l'orgueil avant une chute. Ce que vous avez fabriqué s'écroule et vous ne pouvez pas faire grand-chose pour l'éviter ou y remédier.

CARTE À L'ENVERS

Un désastre évitable. Vos pires craintes se réalisent quand une relation, une entreprise ou un projet familial s'effondre – et vous savez que vous êtes en partie responsable. Cependant, après la colère liée au sentiment d'injustice vient la culpabilité et, pour finir, le soulagement. Un combat se termine.

XVII L'ÉTOILE

MOTS-CLÉS :
INSPIRATION, CONSEIL, LE PASSÉ, RÉCOMPENSES, ÉNERGIE, BONHEUR
PLANÈTE OU SIGNE ASSOCIÉ :
VERSEAU

Une jeune fille éthérée est agenouillée au bord d'un cours d'eau au crépuscule. Elle tient deux coupes : de l'une, elle verse de l'eau dans le cours d'eau ; de l'autre, elle arrose la terre derrière elle. Elle est guidée par l'étoile à huit pointes qui représente les huit points cardinaux de la boussole. L'Étoile indique l'alignement avec la source créative, ou énergie.

CARTE À L'ENDROIT

Inspiration et conseil ; vous avez pour vous la clarté de l'objectif et le potentiel. L'eau symbolise la créativité et son flux, la mémoire. Le passé et le présent coulant dans le même flot, les expériences passées vous donnent la sagesse de réaliser un rêve. Cette carte nourricière indique que vous entretenez bien votre jardin et créez un environnement fertile pour le succès et le bonheur.

CARTE À L'ENVERS

Un blocage créatif ou émotionnel survient alors qu'un projet ou un partenariat s'égare. Vous avez besoin d'être guidé, mais méfiez-vous de ceux qui vous cultivent pour leurs propres objectifs. Il vous faut peut-être sortir d'une illusion et chercher votre étoile ailleurs.

XVIII LA LUNE

MOTS-CLÉS :
ILLUSION, ÉVEIL PSYCHIQUE, DÉCISIONS, CRISE DE FOI
PLANÈTE OU SIGNE ASSOCIÉ :
POISSONS

Deux astrologues dressent la carte des étoiles et des planètes du ciel éclairé par la Lune. Dans l'obscurité de la nuit, un chien et un loup crient au secours, signe de solitude, de frustration et de tournant décisif. Le clair de lune met tous les problèmes en relief, avec netteté.

CARTE À L'ENDROIT
Un dilemme ; des doutes graves ou refoulés sur le chemin à suivre dans une relation, un projet ou autre négociation qui vous tient à cœur. Cette lame solitaire indique que vous devrez sans doute prendre une décision par vous-même. Si vous vous sentez piégé, regardez au-delà de ce qui vous semble possible ; le chien et le loup en ombre chinoise sur la Lune sont les gardiens des frontières et signalent qu'on doit parfois s'imposer des limites à soi-même. Puisque la lune émotionnelle symbolise l'intuition, vos rêves contiennent peut-être des messages avisés.

CARTE À L'ENVERS
Une défaillance nerveuse. Vous ne vous fiez pas à vos sentiments et cherchez des réponses auprès des autres. Une dépendance excessive envers une figure de guide spirituel pourrait indiquer que vous doutez de votre instinct. Le clair de lune peut être trompeur – examinez les motivations d'autrui avant de vous engager.

XIX LE SOLEIL

MOTS-CLÉS :
Succès, rétablissement, jeu, bonheur, vitalité, croissance

PLANÈTE OU SIGNE ASSOCIÉ :
Le Soleil

Un disque d'or domine le ciel, accompagné par deux chérubins. Des tournesols prospèrent sous les rayons du soleil dans un paysage calme, fertile, éloigné de la ville. Si la Lune révèle le monde de l'inconscient, le Soleil symbolise l'intellect, l'esprit pratique et la puissance et il apporte la chaleur et la vitalité.

Carte à l'endroit

Succès ; temps propice aux plaisirs de la vie : amour, lumière du soleil, repos et jeu. Il s'agit peut-être d'un voyage prolongé, mais davantage de récupération que d'aventure. Le Soleil décrit aussi la période de lune de miel d'une relation nouvelle ; en amour, vous vous sentez revenu au stade de l'enfance. Cette lame peut également signifier l'arrivée d'un enfant dans votre vie. Les collines protègent les tournesols des intempéries pendant leur croissance, tout comme sont soignés une relation, un projet ou une famille.

Carte à l'envers

Retard et frustration. Votre objectif est à peine hors d'atteinte. Le travail ou la maladie entrave vos plans et le paradis que vous aviez envisagé est proche de disparaître. Les vacances sont annulées ou une relation ne se matérialise pas. Vous manquez d'énergie.

XX LE JUGEMENT

MOTS-CLÉS :
Jugement de soi, renouveau, vérité, pardon, le passé

PLANÈTE OU SIGNE ASSOCIÉ :
Pluton

Un ange souffle dans une trompette et demande des comptes à l'humanité. C'est le temps du retour sur soi et de l'introspection. Il annonce la fin d'un temps, ouvre la voie à la régénération et à de nouvelles opportunités. Les tombes symbolisent le passé et la résurrection des événements et les roses, la régénération.

Carte à l'endroit

Le Jugement prédit un important changement de vie alors qu'un projet ou une relation arrive à sa fin. Avant de laisser le passé derrière vous, faites votre examen de conscience et revoyez vos actes antérieurs. Le Jugement offre une seconde chance et une occasion de pardon, ainsi qu'une récompense financière pour les efforts passés qui contribueront à votre succès futur. Les événements vont s'accélérer.

Carte à l'envers

Un retard, dû à un obstacle issu du passé ou à la crainte du changement. Vous êtes peut-être trop sévère avec vous-même ou vous permettez aux autres de faire peu de cas de votre contribution, ce qui peut également être une excuse à une incapacité de lâcher prise. Vous devriez peut-être réexaminer votre comportement et surmonter vos sentiments de culpabilité.

XXI LE MONDE

MOTS-CLÉS :
FESTIVITÉS, ACCOMPLISSEMENT, SUCCÈS, RÉCOMPENSE

PLANÈTE OU SIGNE ASSOCIÉ :
SATURNE

Deux chérubins ailés brandissent une image de l'Univers. Le soleil derrière eux symbolise le succès et le disque circulaire qu'ils soutiennent signifie l'accomplissement. Tout comme les chérubins élèvent le disque en signe de triomphe, cette lame prédit la satisfaction et la réussite.

CARTE À L'ENDROIT

Succès et bonheur, un rêve réalisé. Peu importe votre objectif, vous l'atteindrez, en éprouverez de la satisfaction et vous sentirez récompensé. Le temps est à la fête et à la joie, pour un projet mené à son terme ou en commémoration d'un événement heureux, anniversaire d'une personne chère ou anniversaire de mariage. Quelles que soient les difficultés que vous avez affrontées dans le passé, votre triomphe actuel est applaudi à l'unanimité. Un voyage devient peut-être possible.

CARTE À L'ENVERS

Restriction. L'incapacité à aller de l'avant est souvent due à l'indécision ou à la négativité. La sensation d'être bloqué dans le passé, ou par les besoins des autres, crée l'impression que votre univers se rétrécit au lieu de s'élargir et de s'ouvrir à des personnes ou des opportunités nouvelles. Si vous vous attaquez à ce qui vous retient vraiment, vous avez une chance de réaliser votre rêve.

Les Arcanes Mineurs

Les 56 lames mineures sont les ancêtres des cartes à jouer modernes : de l'As au Dix, et Valet, Dame et Roi. Dans le tarot, les trois dernières sont accompagnées du Cavalier. Le Joker a trouvé sa place dans les arcanes majeurs en tant que Fou (voir page 14). Les Coupes (également appelées Calices) correspondent aux Cœurs, les Deniers (parfois appelés Pentacles) aux Carreaux, les Épées aux Piques et les Bâtons aux Trèfles.

Couleur	Orientation	Élément
Coupes	Émotions, relations	Eau
Deniers	Argent, sécurité	Terre
Épées	Intellect, conflit	Air
Bâtons	Inspiration, projets	Feu

Les lames des arcanes mineurs semblent moins complexes que les arcanes majeurs dans la plupart des jeux, pourtant leur signification est souvent plus difficile à interpréter. Les Honneurs, notamment, ont de nombreux sens. Les Valets, Cavaliers, Dames et Rois peuvent symboliser une personne, un événement particulier ou une facette de votre personnalité et révéler comment vous pourriez vous comporter dans une situation donnée. Pour vous aider, un mot-clé figure sous la désignation de chaque arcane mineur. Ces mots n'ont pas pour vocation de résumer toutes les nuances ni de couvrir toutes les significations possibles, mais ils fournissent une indication rapide et simple de leur sens dans le contexte d'un tirage.

AS DE COUPE

Carte à l'endroit : Amour

Les Coupes étant associées à l'élément Eau, ou à l'amour et l'émotion, l'As prédit l'épanouissement affectif, la créativité et le contentement, de tomber passionnément amoureux d'une personne ou d'un idéal jusqu'à répondre à un appel spirituel ou entamer une quête artistique. Il peut également indiquer une grossesse ou une maternité car la coupe débordante de l'As symbolise l'extrême féminité.

Carte à l'envers : Stagnation

Un problème de fertilité dans une relation, ou autre blocage émotionnel, peut entraver le développement d'un amour, ce qui conduit à la stagnation et au vide. L'As inversé peut également révéler la crainte de manquer de temps ou d'énergie affective à consacrer aux enfants, à des parents ou des amis proches.

DEUX DE COUPE

Carte à l'endroit : Un engagement amoureux

Cette lame indique une relation heureuse et une promesse – des fiançailles ou un mariage. Les amis proches et les équipes créatives sont également favorisés car ils communiquent à la perfection et se mettent facilement d'accord. Une autre signification du Deux est la réconciliation. Donc, en cas de dispute récente, les différends devraient être bientôt réglés.

Carte à l'envers

Une personne est peut-être réticente à s'engager dans une association. Une relation pâtit d'un manque de communication qui provoque la jalousie, des divisions et des ruptures. La révélation de secrets peut briser la confiance.

TROIS DE COUPE

CARTE À L'ENDROIT : CROISSANCE, GUÉRISON, FESTIVITÉS

L'amour grandit et une relation passe à un niveau supérieur d'engagement. Il se peut qu'un enfant naisse, ou que votre créativité s'épanouisse alors que de nouveaux projets évoluent et prennent forme. Cette carte de bonheur annonce de multiples occasions de festivités, de partage et le renouvellement de l'amitié. Le Trois prédit également la guérison ; vous vous sentez donc rajeuni, physiquement et affectivement.

CARTE À L'ENVERS : TRAHISON

Le Trois inversé révèle la déception dans une relation. Il peut y avoir une séparation car les personnes sur qui vous comptez habituellement sont incapables de vous aider. Cette carte peut aussi indiquer d'éventuels problèmes de santé.

QUATRE DE COUPE

CARTE À L'ENDROIT : ENNUI

Une vague sensation de monotonie s'insinue dans une relation. Après le frisson de l'idylle vient un temps plus calme d'adaptation. Vous êtes donc peut-être dans une phase de transition où la passion s'émousse et votre relation va soit s'approfondir, soit se déliter. Si vous êtes célibataire, vous n'espérez peut-être plus rencontrer un partenaire. Quelles que soient les circonstances, il est temps de retrouver la foi dans la possibilité d'un amour durable.

CARTE À L'ENVERS : APATHIE

Épuisement affectif, solitude et santé médiocre ou amour-propre en berne sont des symptômes courants révélés par le Quatre inversé. De même, vous êtes peut-être devenu laxiste et complaisant dans une relation. Pour sortir de l'apathie, agissez !

CINQ DE COUPE

CARTE À L'ENDROIT : CHAGRIN

Une décision doit être prise concernant une relation malheureuse. Une idylle ou une amitié intime s'achève, ou un partenaire devient physiquement ou affectivement distant. Cette perte de rapports intimes est pénible et il est tentant de regretter ses actes passés. Mieux vaut accepter la réalité de la séparation et la déception qu'elle occasionne que de refaire le passé.

CARTE À L'ENVERS : GUÉRISON

Le Cinq inversé indique que les blessures affectives sont en voie de guérison. Vous avez peut-être souffert d'une relation ou d'un rêve brisé, mais en vous affranchissant des blessures passées, vous favorisez le rétablissement. La confiance et l'espoir reviendront au cours d'une transition vers une nouvelle phase plus positive.

SIX DE COUPE

CARTE À L'ENDROIT : BÉNÉFICES DE L'EXPÉRIENCE

Le passé et le présent se mêlent pour apporter bonheur et stimulation. Vous bénéficiez des compétences acquises et des contacts issus du passé et vous appréciez ce que l'expérience de la vie vous a enseigné. Un vieil ami ou une autre connaissance réapparaît et vous passez des moments agréables à évoquer vos souvenirs. La compagnie et les idées offrent une étincelle d'inspiration pour des projets et des aventures à venir.

CARTE À L'ENVERS : SENTIMENTALITÉ

Inversé, le Six révèle que vous êtes peut-être bloqué par le passé. La sentimentalité envers les jours anciens vous retient, faisant obstacle à des opportunités et des relations précieuses. Une autre signification serait votre scepticisme quant à l'avenir d'un partenariat précis.

SEPT DE COUPE

CARTE À L'ENDROIT : CONFUSION

De nombreuses invitations et opportunités se présentent, dont certaines pourraient vous aider à atteindre un but précieux. Le potentiel d'épanouissement de votre talent est immense, mais la profusion des offres provoque la confusion ; vous devrez vous fier à votre instinct, ou à vos premières impressions, plutôt qu'à la logique. Laissez votre intuition seule vous guider vers un bond en avant bien inspiré.

CARTE À L'ENVERS : ILLUSION

Une conviction bien ancrée qu'un amour, foyer ou projet nouveau est le seul et unique moyen souhaitable d'oublier toutes les défaillances. Par conséquent, vous risquez d'être déçu en amour, mais vous préférez vous convaincre que tout va bien.

HUIT DE COUPE

CARTE À L'ENDROIT : UN CHANGEMENT D'AVIS

Le Huit révèle une décision importante concernant une relation établie. Ce changement a été mûrement réfléchi et vous, ou l'autre, avez envisagé le long terme et décidé d'agir. Il est probable qu'une idylle est au point mort et la seule solution est pour l'un, ou pour les deux, de prendre du recul. Un sacrifice aujourd'hui peut signifier un avenir plus heureux pour vous deux.

CARTE À L'ENVERS : ERREUR DE JUGEMENT

Une bonne relation est négligée ou abandonnée. Le Huit inversé signale un manque de maturité, car vous, ou un partenaire, ne savez pas apprécier ce que vous avez partagé. Plus tard, l'un de vous regrettera peut-être d'avoir pris cette décision. Il y a peut-être aussi du dédain pour d'autres offres et opportunités positives.

NEUF DE COUPE

Carte à l'endroit : Un rêve réalisé

Connu comme la carte de « vœu » du tarot, le Neuf comble les désirs de votre cœur. L'amitié se mue en amour, ou d'autres vœux sont exaucés alors que vous commencez à vivre la vie dont vous rêviez. L'époque est aux bonnes nouvelles, à l'amitié et aux relations sociales et vous prendrez plaisir à exprimer votre créativité. Cette lame est aussi symbole de santé et de sécurité, tant financière qu'affective.

Carte à l'envers : Vanité

Les relations pâtissent de l'égotisme qui provoque blessures et discorde. La vanité d'autrui signifie que vos sentiments sont négligés, ou votre égocentrisme affecte négativement les autres et peut-être est-il cause de division dans un groupe d'amis intimes.

DIX DE COUPE

Carte à l'endroit : Contentement

Le Dix est une carte de bon augure pour toutes les relations – amicales, familiales et amoureuses. Il révèle la stabilité et le plaisir et peut aussi prédire un moment d'accomplissement, comme une réunion familiale ou scolaire. Vous jouirez de paix et d'harmonie dans toutes vos relations et dans les activités de groupe, des sports d'équipe au chant choral : le Dix prédit la formation de liens affectifs et une camaraderie heureuse.

Carte à l'envers

Quand le Dix est inversé, les activités de groupe sont moins favorisées et la compagnie d'amis habituels risque de vous manquer. Il peut y avoir une légère perturbation dans un cercle familial ou autre réseau, au sein duquel une personne exploite ou domine les autres.

VALET DE COUPE

Carte à l'endroit : Conseil

Le Valet intuitif apporte peut-être de bonnes nouvelles concernant une relation ou simplement une influence sociale, artistique. Cependant, il lui arrive d'être rêveur et de manquer de cohérence, donc son apparition dans un tirage peut également révéler un manque de sens pratique dans une liaison ou que vous devrez apporter aide et conseil aux autres ; des enfants ont peut-être besoin de votre soutien précisément maintenant.

Carte à l'envers : Frustration

Le Valet inversé recherche votre attention et a du mal à exprimer ses sentiments de façon positive. Il s'agit peut-être d'un enfant ou d'une jeune personne de votre entourage qui passe par une phase difficile.

CAVALIER DE COUPE

Carte à l'endroit : Affection, amitié

Individu rêveur, créatif, le Cavalier annonce des relations et des amis nouveaux. Comme symbole d'une situation, il apporte ce sentiment d'être en vacances – un moment d'alanguissement en compagnie, passé à méditer au soleil sur les infinies possibilités de la vie. Si vous tombez amoureux du Cavalier, avec romantisme, il vous offrira de l'affection mais vous douterez de la possibilité d'une liaison à long terme.

Carte à l'envers : Vide

Le Cavalier inversé est dangereux si vous croyez à ses discours. Doux rêveur empli de projets extraordinaires, il est rare qu'il tienne ses promesses et, finalement, il vous décevra. Ne vous fiez pas à lui car ce qu'il offre a peu ou pas de consistance.

DAME DE COUPE

CARTE À L'ENDROIT : NOURRICIÈRE, PERSPICACITÉ

Bienfaitrice naturelle, la Dame représente une femme maternelle et aimante. Reine des cœurs, elle est sensible et perspicace. Comme symbole d'une situation, elle prédit un temps où vous allez vous nourrir et nourrir les autres. Votre intuition est peut-être particulièrement en éveil actuellement ; notez donc vos rêves qui peuvent délivrer des messages concernant vos aspirations profondes.

CARTE À L'ENVERS : JALOUSIE, INFIDÉLITÉ

La Dame inversée est parfois jalouse et réclame l'attention. Son manque affectif est épuisant. Comme symbole d'une situation, elle indique peut-être une pression financière et affective ; quelqu'un vous est peut-être infidèle.

ROI DE COUPE

CARTE À L'ENDROIT : SOLUTIONS

Le Roi est un administrateur et un négociateur puissant dont émane une autorité tranquille. Il a parfois tendance à être distant, absorbé par son univers personnel, mais extérieurement il est bienveillant, sage, amoureux des arts, naturellement pacificateur et un compagnon aimant et d'un grand soutien. Comme symbole d'une situation, il indique que le problème va être résolu et vous conseille, pour un plus grand bonheur, de laisser votre cœur commander votre esprit.

CARTE À L'ENVERS : COMPORTEMENT DESTRUCTEUR

Le Roi inversé passe d'un état affectif extrême à un autre et, en sa compagnie, vous naviguez entre ses hauts et ses bas. Il lui arrive d'éviter les situations difficiles plutôt que les régler et il a recours à des tactiques destructrices pour échapper à un engagement.

AS DE DENIER

CARTE À L'ENDROIT : SUCCÈS MATÉRIEL
Cette lame indique des gains financiers sous forme de bénéfices sur investissements ou de cadeaux inattendus – primes ou gains de concours. L'As exprime une sécurité matérielle complète après une période d'incertitude. Il signale également le succès d'une entreprise qui démarre et de nouvelles relations ; la période est donc heureuse, confortable et prospère.

CARTE À L'ENVERS : PERTE FINANCIÈRE
L'apparition de cette lame n'est pas seulement un encouragement à la prudence dans toutes les opérations financières, mais aussi à réfréner votre matérialisme ou à douter de ceux qui tiennent plus à leurs biens qu'à leurs amis. Ne jouez pas avec ce qui vous est précieux. Cette carte révèle aussi parfois une relation matérialiste.

DEUX DE DENIER

CARTE À L'ENDROIT : SOLVABILITÉ
Votre situation financière est peut-être instable, mais le Deux affirme qu'avec une gestion prudente, vous aurez assez d'argent pour couvrir vos frais. La vie est imprévisible, et votre temps est très pris, mais votre affaire est solvable et vos associations professionnelles fonctionnent sans heurt – mais dans vos relations amoureuses, vous devriez peut-être négocier le partage des tâches ménagères.

CARTE À L'ENVERS : SOUCIS D'ARGENT
Le Deux inversé vous incite à la prudence envers un partenaire dangereux pour vos affaires car malhonnête ou négligent. La période est précaire si vos fonds sont bas et le succès d'une nouvelle entreprise est incertain. Dans un autre contexte, une relation amoureuse pâtit de problèmes financiers.

TROIS DE DENIER

CARTE À L'ENDROIT : CRÉATIVITÉ

Cette lame prédit le succès à un artisan ou un entrepreneur. Si vous avez travaillé dur pour monter une petite entreprise en partant de rien – ou si vous avez trouvé une nouvelle voie créative –, vous aurez un fort sentiment de fierté et d'accomplissement dans la discipline choisie et vous serez peut-être récompensé financièrement. Le Trois peut aussi indiquer que votre ambition s'étend à un foyer ou des locaux commerciaux nouveaux.

CARTE À L'ENVERS : BLOCAGE CRÉATIF

Un projet ou une relation s'effondre car les problèmes sont niés. Vous, ou une personne influente de votre entourage, préférez le romantisme à la réalité, et le travail essentiel est négligé. Cette lame indique aussi parfois des retards dans des projets immobiliers.

QUATRE DE DENIER

CARTE À L'ENDROIT : STABILITÉ, CONFIANCE

Ce pour quoi vous avez travaillé est enfin assuré. Le Quatre est symbole de stabilité et indique des fondations solides pour l'avenir, vous avez donc maintenant une base ferme sur laquelle construire votre empire. Que vous investissiez dans une affaire, gériez un petit projet de votre domicile ou étudiez en groupe, cette lame révèle le succès de l'entreprise et une garantie après une période d'incertitude. Cette lame est également positive dans le domaine de la santé et annonce un rétablissement.

CARTE À L'ENVERS : LIMITATION

La récompense semble hors d'atteinte car vous attendez la reconnaissance des autres, ce qui vous marginalise, avec le sentiment d'être sous-estimé. Obsédé par une issue, cependant, vous risquez de négliger d'autres opportunités moins restrictives.

CINQ DE DENIER

Carte à l'endroit : Épreuves

Le Cinq est annonciateur de dette, de pauvreté et d'épreuves – cependant, cette carte révèle souvent la peur de creuser une dette plus qu'une perte réelle. Une autre signification est un isolement potentiel par rapport à une activité de groupe, peut-être en raison de faibles moyens. Vous aurez toutefois une seconde chance de rectifier une erreur financière, de rétablir votre solde bancaire et, peut-être, une relation.

Carte à l'envers : Cupidité

Quand le Cinq est inversé, les problèmes financiers risquent d'anéantir la sécurité domestique et les associations. Les causes de ce chaos sont la cupidité et un manque de jugement. Le pardon sera encore plus difficile.

SIX DE DENIER

Carte à l'endroit : Un cadeau

Le cadeau peut se présenter sous la forme d'un investissement dans votre affaire réalisé par un mécène ou d'un petit legs d'un parent, d'un gain à un concours ou toute autre prime totalement inattendue. Vous pouvez également être apprécié à votre juste valeur et le cadeau être un petit souvenir offert par un ami. De même, vous aurez peut-être la générosité de donner aux autres sans rien attendre en retour.

Carte à l'envers : Avarice

Un règlement qui vous est dû est différé sans motif valable ou une proposition est de mauvaise foi. En ce moment, évitez les offres financières exagérées ou tout risque financier ; n'espérez pas que vos interlocuteurs tiennent leurs promesses.

SEPT DE DENIER

CARTE À L'ENDROIT : PERSÉVÉRANCE
Le Sept annonce un fort potentiel de succès dans vos objectifs. D'une promotion à un nouvel apprentissage, de la rénovation de votre domicile à la gestion de vos finances, vous avez tous les atouts en main pour réussir. Ce n'est qu'un début cependant, soyez donc résolu ; vous devrez fournir des efforts soutenus pour exploiter au mieux votre potentiel. Ne déviez pas de la voie que vous vous êtes tracée.

CARTE À L'ENVERS : TERGIVERSATIONS
Il y a trop de problèmes à régler, du moins en apparence. Vous, ou une personne proche, êtes effrayé par la menace d'une crise de confiance ou financière. La situation est néanmoins moins complexe qu'il n'y paraît : agissez au lieu de tergiverser.

HUIT DE DENIER

CARTE À L'ENDROIT : OPPORTUNITÉ
Une offre vous est faite qui s'accompagne d'une récompense matérielle. Le Huit révèle que vous vous sentez valorisé par cette opportunité et il est bon que vous l'acceptiez car elle vous apportera ce dont vous avez besoin – qu'il s'agisse d'un supplément de formation ou d'un petit projet séduisant. Le temps que vous investissez dans votre évolution et votre formation sera rentabilisé financièrement dans l'avenir.

CARTE À L'ENVERS : EXCÈS D'ENGAGEMENT
Vous êtes peut-être trop engagé, mais soyez conscient que vous ne pouvez pas remonter le temps – même si vous constatez maintenant que vous avez accepté une pression forte et un petit salaire ou que vous avez hypothéqué votre vie sociale pour un avenir prévisible. Échappez-vous de ce piège ; vos premières impressions étaient les bonnes.

NEUF DE DENIER

CARTE À L'ENDROIT : ORDRE, PLAISIR

L'harmonie règne – les querelles de voisinage, familiales ou professionnelles cessent. L'ordre est restauré, l'argent coule à flot et vous pouvez jouir sereinement de la sécurité pour laquelle vous avez travaillé. C'est également la bonne période pour apprécier la vie de famille et votre état d'esprit calme et détendu attirera naturellement les autres vers vous.

CARTE À L'ENVERS : GUERRES FINANCIÈRES

Le chaos approche alors que votre foyer et votre sécurité sont menacés par de graves problèmes d'argent. Les finances ont été mal gérées, ce qui provoque des disputes et des relations familiales déstabilisantes. Faites tout votre possible pour considérer la situation sous un autre angle avant qu'elle n'empire.

DIX DE DENIER

CARTE À L'ENDROIT : HÉRITAGE, BONHEUR

Le Dix est souvent une carte de chance pour les familles, qui favorise les générations présentes et à venir. Elle peut donc littéralement prédire un mariage heureux et des enfants. Sur le plan financier, le Dix, en tant que dernière carte numéraire des Deniers, révèle l'accroissement de la fortune au fil des générations, peut-être des dividendes d'actions, un héritage ou un cadeau d'un ami ou parent généreux.

CARTE À L'ENVERS : CONFLIT FAMILIAL

Le Dix inversé révèle un conflit familial, des problèmes de séparation aux problèmes d'héritage. Un membre de la génération précédente s'en tient peut-être à des croyances dépassées qui frustrent les plus jeunes.

Valet de Denier

Carte à l'endroit : Bonnes nouvelles financières

Le Valet est un personnage responsable et diligent ; il symbolise le travail assidu et un comportement mature, et il vous conseille de maîtriser les questions financières pour éviter de futurs déficits. Vous resterez solvable, mais évitez les extravagances superflues maintenant et concentrez-vous sur des objectifs financiers à long terme. Les nouveaux projets sont favorisés.

Carte à l'envers : Irresponsabilité

Vous baignez dans un climat d'insouciance ; vous, ou quelqu'un d'autre, dépensez de façon déraisonnable ou irréfléchie, ce qui ponctionne votre budget. De quelque manière que cela se produise, l'argent s'épuise et vos activités s'en trouvent limitées.

Cavalier de Denier

Carte à l'endroit : Sécurité, progrès

Le Cavalier insuffle énergie et sûreté d'intention dans les affaires, projets en cours et problèmes financiers personnels. S'il n'est pas profondément créatif ou porteur d'inspiration, il offre une loyauté indéfectible. Son apparition révèle que votre projet ou votre carrière va dans la bonne direction ; vous bénéficierez d'une stabilité financière et progresserez régulièrement.

Carte à l'envers : Inaction, malhonnêteté

Le Cavalier inversé est parfois synonyme de grands discours non suivis d'action. Suffisant et ennuyeux, il vous laisse faire tout le travail et exige que vous lui fassiez confiance sans guère prouver qu'il le mérite. Cette lame symbolise également la malhonnêteté. Examinez donc toutes les offres avec soin et prenez garde aux pressions vous poussant à vous engager dans des projets invraisemblables.

DAME DE DENIER

Carte à l'endroit : Générosité

Femme d'affaires respectée, cette Dame peut également être votre ange gardien financier. Généreuse, sage et très sincère dans ses comportements, son entourage aime sa joie de vivre et son empressement à soutenir ses proches. Elle apporte stabilité, cadeaux et protection et prédit la venue de temps heureux, matériellement et affectivement.

Carte à l'envers : Avarice

L'argent mène la Dame inversée. Souvent avare, la façon dont elle refuse l'argent aux autres révèle son insécurité profonde et son manque de confiance ; elle est de temps à autre extravagante et vulgaire. En référence à une situation, c'est peut-être le moment de faire des économies ou d'éviter une personne ayant des problèmes d'argent.

ROI DE DENIER

Carte à l'endroit : Problèmes résolus

Expert naturel en résolution des problèmes, ce Roi symbolise l'esprit pratique, la sécurité et le contentement. Il est souvent associé à la propriété et peut être un promoteur immobilier ou un propriétaire ; au plan des qualités personnelles, on peut compter sur lui pour tenir ses promesses. Cette lame est également un bon présage pour le travail et les affaires car il indique la stabilité et la sécurité financière à long terme.

Carte à l'envers : Corruption

Le Roi inversé est vengeur, corrompu et totalement indigne de confiance. L'argent est sa seule priorité ; il peut donc représenter le pire des propriétaires, ou un associé ou autre relation qui n'honorera jamais ses dettes. Le message transmis par cette lame est de prendre garde à la conduite immorale d'autrui.

AS D'ÉPÉE

CARTE À L'ENDROIT : VICTOIRE, PROGRÈS

L'As apporte le succès et un tourbillon d'activité. Malgré une opposition farouche, la victoire, la justice et le progrès sont assurés, bien que vous devrez peut-être vous dépasser pour résister au drame et aux défis qui vous attendent. Cette lame symbolisant la faculté de réflexion et l'intellect est un présage de succès à des examens.

CARTE À L'ENVERS : PERTE

Une perte et un échec éventuel menacent car des projets sont retardés et un prix semble hors d'atteinte. Trop ressasser des problèmes est cause d'anxiété et vous empêche de passer à l'action. Si vous avez les nerfs à vif, laissez votre esprit logique prendre le dessus pour changer – mettez au point un plan d'action pour relancer vos projets.

DEUX D'ÉPÉE

CARTE À L'ENDROIT : UNE TRÊVE

La paix revient après une période de discorde et d'effervescence. Vous ne vous fiez peut-être pas à cette trêve, mais elle pourrait offrir une occasion précieuse de prendre du recul par rapport à une association à problèmes. Soyez prudent et envisagez tous les aspects. Vous devrez peser soigneusement vos besoins vis-à-vis de ceux de l'autre partie si vous devez trouver un accord.

CARTE À L'ENVERS : SUSPICION

Le Deux inversé indique un manque de confiance, par exemple une tromperie ou une trahison dans une association. Soyez conscient que des personnes de votre entourage prospèrent peut-être sur le drame et la manipulation. Continuez à poser des questions directes et n'abandonnez pas tant que vous n'avez pas obtenu toutes les réponses que vous cherchez.

TROIS D'ÉPÉE

Carte à l'endroit : Douleur, chagrin

Quand le Trois apparaît dans un tirage, une situation pénible, mais inévitable, doit être prise en main. Avec cette lame arrivent la douleur, le chagrin et la déception profonde dus à la perte d'une relation ou d'un idéal. La seule solution est d'accepter la situation tout en sachant que quelque chose de meilleur sortira des décombres.

Carte à l'envers : Chaos

En position inversée, le Trois prédit le drame et un bouleversement alors que vous luttez pour vous dégager d'une relation, ou autre engagement, qui se détériore. Cela peut paraître dramatique, amer et provoquer d'énormes perturbations qui, heureusement, ne dureront pas éternellement. Ceci, aussi, passera.

QUATRE D'ÉPÉE

Carte à l'endroit : Rétablissement

Cette lame positive fournit la garantie d'une période de récupération après une période d'activité et de pression intenses. Le Quatre symbolise le repos et un véritable répit après un conflit, ou autre situation, qui a épuisé vos ressources vitales. Le corps et l'esprit peuvent guérir et se détendre, la carte peut donc aussi indiquer un rétablissement après une maladie.

Carte à l'envers : Maladie, perturbation

Le Quatre inversé peut indiquer une maladie brève et une séparation temporaire avec l'environnement familial, par exemple un court séjour à l'hôpital. Autrement, au lieu de vous laisser savourer quelques jours de repos sur votre canapé, une affection légère devient irritante et perturbante. Dans les deux cas, vous vous sentez peut-être isolé en raison d'un manque de contact avec les autres.

CINQ D'ÉPÉE

CARTE À L'ENDROIT : DÉFAITE

Vous faites peut-être trop d'efforts pour résoudre un problème ou gagner une bataille alors qu'il n'y a pas d'issue possible. Le temps est venu d'une retraite stratégique pour éviter de faire monter la pression. Admettez la défaite et avancez plutôt que de continuer à combattre pour sauver la face. Le Cinq peut également indiquer une dette ou un manque d'argent ; n'épuisez pas vos réserves affectives ou financières.

CARTE À L'ENVERS : EXPOSITION

C'est l'escalade dans une situation tendue. Une initiative a échoué, mais la crainte de l'humiliation entretient votre défiance et vous empêche d'admettre les fautes passées. Pour arrêter la spirale infernale, vous devrez avouer vos erreurs.

SIX D'ÉPÉE

CARTE À L'ENDROIT : PAIX RESTAURÉE

Enfin, l'harmonie règne et vous avez la possibilité de faire une pause dans votre carrière maintenant que tout est en ordre. Vous avez peut-être une occasion de voyager à l'étranger, en vacances ou pour votre travail, et de revenir aux exigences de la vie quotidienne avec plus d'entrain. Si le Six n'indique pas qu'un projet ou un problème est réglé, il vous conseille de prendre un peu de distance.

CARTE À L'ENVERS : RETARD FORCÉ

Stagnation, épuisement, manque de concentration sont actuellement votre lot. Vous avez peut-être grand besoin d'une pause, mais vous devez continuer sous peine de rater des occasions. Faites appel à chaque once de l'énergie qui vous reste et appliquez-vous, sinon vous risquez de compromettre ce que vous avez réussi jusqu'à présent.

SEPT D'ÉPÉE

CARTE À L'ENDROIT : DÉPOSSESSION

Vous êtes face à un adversaire potentiellement dangereux qui veut obtenir quelque chose de vous. Vous devrez adopter une stratégie intelligente et être plus malin que lui, ou elle, car il n'y a aucun sentiment de confiance dans cette relation ; pour gagner ce combat, vous devrez peut-être recourir à la ruse. Le Sept vous conseille également de prendre un soin tout particulier de votre propriété et de vos biens personnels dans cette période.

CARTE À L'ENVERS : MALHONNÊTETÉ

Le Sept inversé amplifie le sens de la carte à l'endroit, donc un vol ou autre comportement malhonnête est à craindre. Sur le plan affectif, vous céderez peut-être à des brimades ou à la pression au lieu d'user de représailles. Prenez courage et tenez bon.

HUIT D'ÉPÉE

CARTE À L'ENDROIT : DÉNI

Une liaison ou un projet est en train de s'effondrer et il n'y a pas grand-chose à faire pour l'éviter parce que vous ne le voulez pas, ou avez l'impression que vous ne le pouvez pas. Vous êtes dans le déni et ne savez pas encore comment avancer ou affronter ce qui arrive. Consultez votre entourage, mettez vos idées au clair et sortez de votre apathie affective. Rompez le charme.

CARTE À L'ENVERS : AUTOCONDAMNATION

Quand le Huit est inversé, les épées sont dirigées vers vous. Vous perdez le sens des proportions et ne blâmez que vous-même pour les événements récents, ce qui vous enferme dans un cercle de culpabilité et d'autoaccusation. Vous courez le danger de gaspiller une énergie précieuse à vous inquiéter, en oubliant que votre cerveau brillant peut vous délivrer de ce piège.

NEUF D'ÉPÉE

CARTE À L'ENDROIT : SOUFFRANCE, VICTIMISATION

Le Neuf révèle un temps d'épuisement de vos ressources alors que vous risquez d'être victime de stress et d'une anxiété extrême. C'est peut-être dû au fait que vous êtes vulnérable et usé par la maladie, ou à des luttes permanentes avec des collègues ou la famille. Vous disposez de la force intérieure pour traverser avec succès cette période éprouvante.

CARTE À L'ENVERS : MARTYRE

Vous vous sentez peut-être piégé par un sentiment de désespoir qui vous est bien trop familier et qui vous rend pratiquement incapable de reconnaître un plaisir quand il se présente. Essayez d'admettre que ce mode de pensée est devenu un comportement habituel et rejetez ce martyre autoproclamé.

DIX D'ÉPÉE

CARTE À L'ENDROIT : FINS

Dans la couleur des Épées, les fins sont dramatiques et parfois choquantes. Cependant, en examinant les faits de près, il est vraisemblable que le dénouement était prévisible. Une liaison ou autre entente s'évanouit. La conclusion est dure, mais nécessaire ; vous vous en remettrez et serez ouvert à de nouvelles opportunités plus tôt que vous ne le pensez.

CARTE À L'ENVERS : RUINE

Le Dix inversé s'applique plutôt à un groupe qu'à un individu. L'apparition de cette lame peut signaler la fin d'une phase – au travail, la fin d'une ère pour un groupe de collègues – ou la désintégration d'un groupe social. À ce stade, ni vous ni les autres ne voulez affronter la déception que cela engendre. Gérez cette situation déprimante de votre mieux.

VALET D'ÉPÉE

CARTE À L'ENDROIT : INTELLIGENCE

Le Valet d'Épée offre des conseils pratiques et utiles. Juge habile des caractères, son apparition dans un tirage est un signe sûr que vous allez devoir garder la tête sur les épaules pour prendre les devants dans des négociations. L'intelligence est la clé dans cette conjoncture, et vous pouvez aussi rencontrer un conseiller avisé qui vous fournit des informations précieuses et une observation pénétrante.

CARTE À L'ENVERS : FRIPONNERIE

Avec le Valet inversé, vous ne savez jamais où vous en êtes – est-il un voleur, un bavard ou un manipulateur malicieux ? Il vous induit en erreur. Comme symbole de situation, cette carte vous incite à vérifier tous les documents et contrats.

CAVALIER D'ÉPÉE

CARTE À L'ENDROIT : UNE BATAILLE

Quand le Cavalier d'Épée apparaît dans un tirage, il annonce un combat à venir qui doit être mené pour régler un problème. Dynamique et charmant, il entre peut-être dans votre vie pour une courte période, mais sa fougue est contagieuse : il apporte assez d'énergie et de détermination pour relever courageusement le défi.

CARTE À L'ENVERS : CABOTINAGE

Le Cavalier inversé aime le drame, pourvu qu'il puisse manipuler les autres des coulisses, sans participer. Cela crée des conflits inutiles et même un désordre complet et quand le besoin d'action se fait trop pressant, il se retire et laisse les autres affronter leurs adversaires. Dans le cadre de l'influence générale, sachez que vous ne pouvez pas compter sur une personne de votre entourage.

DAME D'ÉPÉE

CARTE À L'ENDROIT : ÉLOQUENCE

La Dame apporte intelligence, éloquence et loyauté, jusqu'à un certain point. Naturellement charmante, elle protège ses partisans mais, en affaires, elle fera passer ses besoins avant les vôtres. Comme symbole de situation, cette lame indique une aide éphémère ; vous apprécierez tout le soutien offert par un ami ou un collègue avec qui vous partagez des objectifs ou un style de vie.

CARTE À L'ENVERS : CARACTÈRE IMPITOYABLE

Avec son arsenal de remarques désobligeantes et de menaces sinistres, la Dame inversée est impitoyable et égocentrique. En tant qu'employeuse ou chef de famille, cette lame exprime ses pires aspects. Comme symbole de situation, la Dame inversée annonce une négociation qui ne peut vous être favorable.

ROI D'ÉPÉE

CARTE À L'ENDROIT : AMBITION

Vif et décidé, le Roi est un stratège, souvent associé à des pratiques entrepreneuriales couronnées de succès. Expert en résolution des problèmes, il est le chef suprême qui domine globalement la situation et laisse les autres régler les petits problèmes. En référence à une situation, les projets décollent, mais soyez attentif aux détails pour éviter un retard.

CARTE À L'ENVERS : CRUAUTÉ

Le Roi inversé est un adversaire redoutable qui chasse implacablement le trophée. Il peut même faire preuve de cruauté dans sa volonté de gagner. Retirez-vous car vous avez peu de poids face à un tyran. Au sujet d'un projet plutôt que d'une personne, il prédit une confrontation et une opposition ouvertes.

AS DE BÂTON

Carte à l'endroit : Succès créatif

Symbole de l'énergie créative masculine, cette lame exprime l'inspiration et une bonne communication, et favorise les nouveaux plans et projets. Que vous soyez en train de monter une affaire ou espériez fonder une famille, partir en voyage lointain ou entamer une quête artistique, l'As prédit un grand succès. C'est le moment parfait pour faire un pas important en avant.

Carte à l'envers : Retard

Le timing est mauvais pour ce que vous voulez créer et il sera peut-être difficile d'obtenir une coopération. Les projets retardés, le voyage ou l'événement particulier remis à plus tard provoquent une frustration. Le succès est néanmoins proche ; faites preuve d'un peu de patience car il arrivera.

DEUX DE BÂTON

Carte à l'endroit : Un partenaire fiable

Une aide est fournie et des partenariats progressent. L'égalité et la sécurité financière sont là et vous gérez bien votre affaire, un nouveau projet ou un accord domestique. Vos efforts vont aboutir à une stabilité heureuse, tant maintenant que dans l'avenir. Cette lame vous garantit qu'au bout du compte tout votre travail sera profitable.

Carte à l'envers : Inégalité

Déséquilibre dans un partenariat où une personne a une influence ou une contribution supérieure à celle de l'autre. Cette lame peut également indiquer une inégalité financière et l'argent être devenu un problème entre vous et provoquer un désaccord. Ou, simplement, vous devriez peut-être partager une tâche ménagère plus équitablement si l'un des partenaires considère les choses acquises.

TROIS DE BÂTON

CARTE À L'ENDROIT : EXPRESSION DE SOI, VITESSE

Le Trois révèle la créativité et l'expression de soi, et le développement de projets. Les événements s'accélèrent avec plus de communication, d'action et de récompense et l'argent arrive. Cela confirme ce dont vous êtes convaincu dans votre for intérieur – que vous êtes doué pour ce que vous faites.

CARTE À L'ENVERS : MALENTENDU

En position inversée, le Trois de Bâton symbolise la méprise. Les conversations sont lourdes de malentendus, ce qui vous met dans l'incapacité de démarrer un projet ou de réaliser un accord collectif sur une question qui, une fois résolue, débloquera un problème. Vous ne pouvez cependant pas faire grand-chose d'autre que d'éviter une confrontation directe.

QUATRE DE BÂTON

CARTE À L'ENDROIT : SATISFACTION

À juste titre, vous vous sentez actuellement heureux et satisfait. Vous consolidez les différents éléments de votre vie et prenez plus de plaisir dans votre travail, à la maison, en famille et avec vos amis. L'achat d'un logement ou l'amélioration de votre logement actuel est envisageable pour vous installer dans un espace plus vaste ou plus approprié. Il est temps d'apprécier ce que vous possédez et de jouir d'un sentiment de sécurité bien mérité.

CARTE À L'ENVERS : AJOURNEMENT

Il vous semble peut-être difficile actuellement de concilier les aspects conflictuels de votre vie. Des comportements inflexibles freinent votre progression ; les récompenses semblent hors d'atteinte et vous êtes perdant par rapport aux autres concurrents. Restez concentré et soyez ouvert à toute éventualité au lieu d'abandonner trop vite.

CINQ DE BÂTON

CARTE À L'ENDROIT : ZÈLE, UN TEST

Vous devrez peut-être travailler dur pour négocier votre sortie d'une discussion ou pour vous assurer que des documents ou des plans compliqués sont exacts. Vérifiez que les chiffres sont cohérents et que les plans fonctionneront dans la pratique – et répétez mentalement les problèmes potentiels jusqu'à ce que vous soyez convaincu que tous vos plans sont inattaquables.

CARTE À L'ENVERS : TROMPERIE

Vous apprendrez peut-être quelque chose qui vous fera croire que vous, ou d'autres, avez été trompé. Ce peut être irritant si vous avez travaillé avec acharnement et de bonne foi, alors que d'autres n'ont pas respecté le même code ou partagé vos valeurs. Essayez de vous affranchir de tout ressentiment car vous ne pouvez pas y faire grand-chose.

SIX DE BÂTON

CARTE À L'ENDROIT : TRIOMPHE, RÉCOMPENSE

Après un travail acharné arrive un tournant, avec des nouvelles formidables d'une récompense longtemps attendue ou la fin d'un conflit. Le Six est favorable à la résolution des questions juridiques, des contrats reportés ou de problèmes de travail – quelle que soit la situation, vous réussirez et recevrez une récompense spéciale pour votre détermination. C'est le temps de la fierté.

CARTE À L'ENVERS : DÉCEPTION

Peu importe que vous ayez passionnément poursuivi un rêve, la récompense vous a échappé. Les actes des autres vous ont peut-être exclu, vous laissant un sentiment de confusion et d'insécurité, ou vous avez été chassé d'un groupe. Cette lame révèle également un retard général de vos projets et des sentiments de suspicion et de frustration.

SEPT DE BÂTON

Carte à l'endroit : Persévérance

Le message du Sept est que vos objectifs méritent d'être poursuivis. Le chemin ne sera peut-être pas facile mais, avec de la persévérance, vous arriverez où vous devez être. C'est stimulant car il peut s'écouler un certain temps avant que vous ne voyiez le résultat de votre travail, mais continuez à y croire. Vos chances de succès sont considérables.

Carte à l'envers : Une barrière de communication

Certaines négociations n'en valent pas la peine – inutile d'essayer à toute force d'expliquer un problème ou d'organiser un projet puisque les autres parties n'apprécient pas votre point de vue. Vous vous fatiguez en pure perte. Avec d'aussi faibles chances de réussite, mieux vaut économiser votre énergie et vous retirer de la bataille.

HUIT DE BÂTON

Carte à l'endroit : Occasions

Excellentes nouvelles concernant un voyage ou un projet ; le Huit signale une période très animée pour vous, regorgeant d'idées, d'activités et de propositions. On reconnaît votre talent et vous vous sentez apprécié. Tout ce qui alimente votre expression personnelle et votre créativité est favorisé et il vous sera facile de communiquer avec ceux qui partagent vos vues.

Carte à l'envers : Discernement

Vous hésitez peut-être à accepter des offres parce que leur authenticité est douteuse. Mieux vaut décliner une proposition qu'investir du temps dans un projet qui ne résiste pas à l'examen. La frustration est peut-être également un problème car vous ne pouvez apparemment pas communiquer avec ceux qui ont le pouvoir d'accélérer les événements et de créer de réelles opportunités pour vous.

NEUF DE BÂTON

CARTE À L'ENDROIT : RESSOURCE

Vous êtes sous pression et votre emploi du temps est surchargé, mais vous avez les ressources – force mentale, dynamisme et soutien amical – pour vous soutenir dans cette période stimulante, bien que stressante. En acceptant la perspective de travailler dur pendant un temps, vous resterez concentré et progresserez au lieu d'être amer et de regretter vos engagements.

CARTE À L'ENVERS : PRESSION

Quand le Neuf est inversé, la pression extérieure peut devenir presque insupportable ; il est donc temps de rejeter des exigences supplémentaires et de penser à vous. Évitez de prendre des décisions importantes quand votre résistance est au plus bas.

DIX DE BÂTON

CARTE À L'ENDROIT : UN FARDEAU

Vous portez de lourdes responsabilités et les accords pris dans le passé sont maintenant un fardeau. En plus d'être surchargé de travail, vous portez peut-être un fardeau financier ou moral. Quand cette carte apparaît rapidement dans un tirage, elle peut également signaler une sensation d'écrasement. Vous devriez peut-être procéder à un autre tirage quand vous disposerez d'un peu plus d'espace mental.

CARTE À L'ENVERS : AVEUGLEMENT

Involontairement, vous avez fourni des verges pour vous faire battre mais, au lieu de prendre vos responsabilités, vous accusez les autres de vous accabler. Votre interprétation d'une situation peut être très éloignée de celle des autres.

VALET DE BÂTON

Carte à l'endroit : Progression prudente

Le Valet est le messager des bonnes nouvelles et il prédit que plusieurs affaires urgentes vont exiger toute votre attention. Il vous incite à vérifier les faits au lieu de croire tout ce qu'on vous dit. S'il fait référence à un individu, le Valet est d'un naturel bavard, d'une éloquence charmante, mais il s'ennuie vite. Vous devrez faire le tri entre le vrai et les rumeurs, et résister à l'emprise de son univers cancanier.

Carte à l'envers : Manipulation

Quand cette lame est inversée, le réel devient imaginaire et vice versa. Les informations sont cachées à dessein et des histoires malveillantes circulent dans une campagne orchestrée pour masquer ou manipuler la vérité. Méfiez-vous des bavardages.

CAVALIER DE BÂTON

Carte à l'endroit : Créativité, succès

Ce que vous attendiez commence à se matérialiser, peut-être sous la forme du Cavalier charismatique lui-même ou dans une phase entrepreneuriale bien inspirée. Le Cavalier introduit l'énergie et l'action ; il est donc vraisemblable que les événements vont s'accélérer au fur et à mesure que les projets progressent et que des conversations conduisent à la réussite.

Carte à l'envers : Hypocrisie

Le Roi inversé peut vanter brillamment les mérites d'un projet, mais quand il s'agit de s'engager dans quelque chose qui ressemble à du travail, il recule. Il aime parler car on lui prête attention, mais il est hypocrite et peu fiable. Comme symbole d'une situation, sa présence est un avertissement et vous incite à juger les autres d'après leurs actes et non d'après leurs paroles.

DAME DE BÂTON

CARTE À L'ENDROIT : INSPIRATION, PASSION

La Dame possède la probité, la créativité et la clarté de vues. Sensible aux sentiments des autres, elle sait écouter autant que parler et est naturellement populaire. On respecte sa sagesse et sa capacité à transmettre ses idées avec passion. Comme symbole d'une situation, elle prédit la venue d'une influence porteuse d'inspiration.

CARTE À L'ENVERS : MANQUE DE FIABILITÉ

Il est tentant de croire ceux qui se vantent de pouvoir tout vous donner, mais la Dame inversée vous avertit de leur manque de fiabilité. L'effet est négatif sur ceux qui sont dans son orbite et se sentent constamment abandonnés. En référence à une situation, des promesses risquent de ne pas être tenues.

ROI DE BÂTON

CARTE À L'ENDROIT : HONNEUR, COMPASSION

Le Roi apporte une probité calme et la compassion. Avisé et modeste, il est aimé de sa famille et de ses amis. Il exige peu des autres, mais il est néanmoins plein d'énergie et d'idées. Cette lame révèle une conduite honorable et peut également indiquer que vous serez désormais en paix avec vous-même. Les autres réagissent positivement à votre égard.

CARTE À L'ENVERS : PRÉJUGÉS

Le Roi inversé a été rempli d'amertume par de mauvaises expériences dans le passé ou ne s'est simplement jamais donné la peine de mettre en question ses attitudes intolérantes. Il n'est pas un guide moral pour les autres et il est incapable d'écouter leurs opinions ou de s'écarter du confort de son entêtement. Comme symbole d'une situation, cette lame peut révéler que des pensées négatives couvent.